守護霊インタビュー

トランプ
大統領の決意

北朝鮮問題の
結末とその先の
シナリオ

大川隆法
RYUHO OKAWA

守護霊インタビュー
トランプ大統領の決意
―北朝鮮問題の結末とその先のシナリオ―

Spiritual Interview with the Guardian Spirit of President Trump

Preface

In the end of this April, suddenly, a conference between the top leaders of North and South Koreas was held, and they talked about denuclearization and unification of the Korean Peninsula.

Many statesmen and people of mass media are welcoming this peace-making policy through the conversation. But we must know the fact that the maps used in North Korea do not have South Korea in the first place and they only have "Democratic People's Republic of Korea" in the Korean Peninsula. So, this North-South conference means that they officially admitted that there are two countries in the Korean Peninsula.

President Trump of America is, to some extent, evaluating the movement toward peace, but he must be preparing some strategies for the coming U.S.-North Korea conference. This book shows his strong resolution that if North Korea do not approve they are losers, "There will be no peace, prosperity, or unification between the North and the South." At the

はじめに

　今年の四月末、突然、南北朝鮮のトップ会談が行われ、朝鮮半島の非核化と統一についての話し合いがなされた。

　この対話による平和路線を手放しで喜ぶ政治家やマスコミ人も多い。しかし知らなければならない事実は、北朝鮮で使われている地図には、そもそも韓国など載っておらず、朝鮮半島には『朝鮮民主主義人民共和国』しかないことになっているのだ。それゆえ、この南北会談は二つの国が朝鮮半島に存在していることを公式に認めたことにもなるのだ。

　アメリカのトランプ大統領は、一応平和への動きを評価しつつも、迫り来る米朝会談に向けて戦略を練り込んでいるにちがいあるまい。本書では、北朝鮮が敗北を認めないでは、「南北の平和、繁栄、統一はありえない。」という彼の強い意志が表明されている。同時に、日本に対し、「強いリーダーシップをもった主権国家たるべし。」とのメッ

3

same time, to Japan, his message is, "Be a sovereign country with strong leadership." To the idle diet and some of the mass media that's just saying what sounds good to the ears to escape responsibility, this book will give a good scolding.

May 8, 2018

Master & CEO of Happy Science Group

Ryuho Okawa

セージも出されている。空転する国会と、責任のがれのき
れい事を書きたてる一部マスコミに対し、「一喝！」を入
れる本となったと思う。

2018 年 5 月 8 日
幸福の科学グループ創始者兼総裁
大川隆法

Contents

Preface 2

1   Attempting to Uncover President Trump's True Thoughts
Before the U.S.-North Korea Conference 16

2   Kim Jong-un Should Say, "We Are Losers" 22

3   What is the First Strategy to a World Full of Democracy? 32

4   The Deadline for North Korea to Abandon
Nuclear Weapons — "Within Three Years" 40

5   Trump's Thoughts On the Unification of Koreas 48

6   "Japan Should Abandon Relying On Other Countries" 60

7   "I Have No Attachment to Nobel Peace Prize; I Will Do
My Justice and Just Depend On My Conscience" 70

8   "After the North Korean Problem, I Will Try Changing
China" 78

9   Reforming Islam is a Mission of Happy Science 86

目　次

はじめに ……………………………………………………………… 3

1　米朝会談前にトランプ大統領の本心を探る ………… 17

2　金正恩は「負け」を認める必要がある ……………… 23

3　世界の民主主義化のための第一戦略は ……………… 33

4　北の核放棄のデッドラインは「３年以内」 ………… 41

5　南北朝鮮統一をどう見るか ………………………… 49

6　日本は他国に頼るのをやめよ ……………………… 61

7　ノーベル平和賞より、正義と良心に従うのみ ……… 71

8　北朝鮮問題の次は中国を変革する ………………… 79

9　イスラムの改革は幸福の科学の使命 ……………… 87

10 "Liberty Should Lead to Prosperity and Happiness"............... 90

11 The Problem and Limit of the EU 94

12 After the Spiritual Interview 102

---

* This spiritual interview was conducted in English. The Japanese text is a translation.

10 「自由」が繁栄と幸福をもたらすべき ………………………… 91

11 ＥＵの問題点と限界 ……………………………………………… 95

12 霊言を終えて ……………………………………………………… 103

※本書は、英語で収録された霊言に和訳を付けたものです。

This book is the transcript of spiritual interview with the guardian spirit of President Donald Trump.

These spiritual messages were channeled through Ryuho Okawa. However, please note that because of his high level of enlightenment, his way of receiving spiritual messages is fundamentally different from other psychic mediums who undergo trances and are completely taken over by the spirits they are channeling.

Each human soul is generally made up of six soul siblings, one of whom acts as the guardian spirit of the person living on earth. People living on earth are connected to their guardian spirits at the innermost subconscious level. They are a part of people's very souls and therefore exact reflections of their thoughts and philosophies.

It should be noted that these spiritual messages are opinions of the individual spirits and may contradict the ideas or teachings of the Happy Science Group.

本書は、ドナルド・トランプ大統領の守護霊霊言を収録
したものである。

　「霊言現象」とは、あの世の霊存在の言葉を語り下ろす現
象のことをいう。これは高度な悟りを開いた者に特有のも
のであり、「霊媒現象」（トランス状態になって意識を失い、
霊が一方的にしゃべる現象）とは異なる。

　また、人間の魂は原則として６人のグループからなり、
あの世に残っている「魂の兄弟」の１人が守護霊を務めて
いる。つまり、守護霊は、実は自分自身の魂の一部である。

　したがって、「守護霊の霊言」とは、いわば、本人の潜在
意識にアクセスしたものであり、その内容は、その人が潜
在意識で考えていること（本心）と考えてよい。

　ただ、「霊言」は、あくまでも霊人の意見であり、幸福の
科学グループとしての見解と矛盾する内容を含む場合があ
る点、付記しておきたい。

Spiritual Interview with the Guardian Spirit of President Trump

April 28, 2018 at Happy Science General Headquarters, Tokyo

守護霊インタビュー
トランプ大統領の決意

― 北朝鮮問題の結末とその先のシナリオ―

2018年4月28日　東京都・幸福の科学総合本部にて

Donald Trump (1946-Present)

The 45th president of the United States. Republican. Born in New York City. After graduating from the University of Pennsylvania in 1968, he began to work at his father's real estate company and was given control of the company in 1971. Caught the media's attention upon completing the Trump Tower on Fifth Avenue in New York in 1983, a building some people call to be the most expensive in the world. Trump is known as a real estate magnate, making millions and billions due to his great success in real estate development, and hotel and casino management. His autobiography published when he was 41 years old became a bestseller. He has also published many works on success theory. Trump had appeared many times in the media as a TV personality. Made his presidential announcement in June 2015. With "Make America Great Again" as his slogan, Trump attracted large numbers of supporters and won the hard-fought presidential election in 2016.

Interviewers from Happy Science

Kazuhiro Ichikawa

Senior Managing Director
Chief Director of International Headquarters

Kiyoshi Shimada

Director General in Training of International El Cantare-belief
Promotion Division

Jiro Ayaori

Managing Director
Director General of Magazine Editing Division
Chief Editor of *The Liberty*
Lecturer, Happy Science University

★ Interviewers are listed in the order that they appear in the transcript.
 The professional titles represent the position at the time of the interview.

ドナルド・トランプ（1946 〜 ）

第45代アメリカ合衆国大統領。共和党に所属。ニューヨーク市生まれ。1968年ペンシルベニア大学卒業後、不動産業を営む父親の会社に入り、71年、経営権を与えられる。83年、「世界一豪華なビル」トランプ・タワーをニューヨーク五番街に建て、全米の話題を呼ぶ。不動産開発やホテル、カジノ経営などで大成功を収め、巨万の富を築き、「不動産王」と呼ばれる。41歳のとき出版した自伝はベストセラーになり、成功論に関する著作も多い。また、テレビパーソナリティとしてもメディアに数多く出演した。2015年6月、大統領選への出馬を表明。「アメリカを再び偉大にしよう」というスローガンを掲げて支持を集め、2016年の激戦を制した。

質問者（幸福の科学）

市川和博（専務理事 兼 国際本部長）

島田清　（国際エル・カンターレ信仰伝道局長心得）

綾織次郎（常務理事 兼 総合誌編集局長 兼 「ザ・リバティ」編集長 兼 HSU講師）

※質問順。役職は収録当時のもの。

1 Attempting to Uncover President Trump's True Thoughts Before the U.S.-North Korea Conference

Ryuho Okawa As you know, yesterday, we saw a historical event; the North and South Korea conference. It was a sudden event and no one could expect that event, so we just want to know what the real thinking of Mr. Donald Trump is.

This morning, I talked with his guardian spirit and he said, "It's top-secret. Top-secret is top-secret, but if you, Happy Science, want to know something, there is some way to show what he is really thinking about; it's how you approach me." He said so.

So, to tell the truth, it will be a very difficult matter. He cannot show every card he has now before the next conference between Kim Jong-un and Donald Trump. It's diplomacy. So, he can't reveal everything. He must hide something, especially, what he really thinks about the conclusion of the meeting.

1　米朝会談前にトランプ大統領の本心を探る

大川隆法　ご存じの通り、昨日、私たちは「南北朝鮮の首脳会談」という歴史的瞬間を目の当たりにしました。突然のことで、誰も予想できませんでしたので、ドナルド・トランプ氏の本心がどのへんにあるかを知りたいと思います。

　今朝、私が彼の守護霊と話したところ、「それはトップシークレットです。トップシークレットはトップシークレットなのですが、あなたがた幸福の科学に知りたいことがあるなら、彼の本心を示す方法があることはあります。私へのアプローチ次第です」とのことでした。
　ですから率直に言って、非常に難しい問題ではあります。彼は次の金正恩とドナルド・トランプとの会談前に、手の内を全部明かしてしまうことはできないでしょう。そこが外交というもので、すべてを明かすことはできません。隠しておかなければならないこともあるでしょうし、特に会談の結論についての本心はそうでしょう。

17

But today, we have this opportunity to hear from him. Even the American journalists or TV casters, including CNN, cannot interview him, especially his real thinking. Adding to that, I must say today's session is not the real Donald Trump, but his guardian spirit's opinion.

His guardian spirit wants to speak in English, so from our reading, it may be the first American president, George Washington.* This will be his guardian spirit's opinion. So, there must be a little difference between what Donald Trump really says in this world, or in the worldly meaning, and what his guardian spirit wants to show him.

Our session may be published in some style and the North Korean people, including Kim Jong-un,

*See *The Trump Secret: Seeing Through the Past, Present, and Future of the New American President* [New York: IRH Press, 2017]

1　米朝会談前にトランプ大統領の本心を探る

　しかし今日は、彼から話を聞き出す機会です。アメリカのジャーナリストやＣＮＮなどのテレビキャスターでも彼にインタビューすることはできませんし、ましてや本心を聞くことはできません。加えて、本日の収録はドナルド・トランプ本人ではなく、彼の守護霊の意見であることを申し添えておかねばなりません。

　守護霊は英語で話したがっていますので、私たちの霊査によれば、アメリカ初代大統領ジョージ・ワシントンであると思われます(注)。ですから、これは守護霊の意見であって、ドナルド・トランプがこの世で実際に言うこの世的な内容と、守護霊が本人に知らせたいと思っている内容には、多少の違いがあるはずです。

　この収録は何らかの形で発刊され、金正恩を含めた北朝鮮の人々もこの収録が本になった内容を読むでしょうか

(注)『守護霊インタビュー　ドナルド・トランプ　アメリカ復活への戦略』『アメリカ合衆国建国の父　ジョージ・ワシントンの霊言』(いずれも大川隆法著・幸福の科学出版刊)参照。

1 Attempting to Uncover President Trump's True Thoughts Before the U.S.-North Korea Conference

will read the contents of this session made into a book, so we must be careful about that. His guardian spirit is thinking about that; he will reveal something, but he is calculating about that, so that even if North Korea knows about that, he can take leadership in the two-countries conference.

Then, is it OK? If possible, I needed a lady because he's very soft at treating ladies, but you are guys, so it's a little difficult for me to introduce him. "Be kind to us," I want to ask him, but he will be a little rigid and difficult, I think. But please try.

Then, I want to summon the guardian spirit of

Mr. Donald Trump of the U.S.A.

The guardian spirit of Mr. Donald Trump,

The guardian spirit of Mr. Donald Trump,

Would you come down here?

This is Happy Science General Headquarters,

Tokyo.

Donald Trump, would you come down here?

(*About 7 seconds of silence.*)

ら、その点は注意が必要です。守護霊もそのことは心得ていて、明かしてくれることもあるでしょうが、北朝鮮にこの内容を知られたとしても、やはり自分が二国間会議でリーダーシップをとれるようにするということは計算に入れています。

　では、よろしいですか。できれば、彼は女性に弱いので、誰か女性がいてほしかったのですが、あなたがた（質問者）は男性なので、彼を紹介するのはやや難しいと思います。お手柔らかに願いたいと思っていますが、やや頑固で気難しい方かもしれません。まあ、やってみてください。
　それでは、アメリカ合衆国のドナルド・トランプ氏の
　守護霊をお呼びしたいと思います。
　ドナルド・トランプ氏の守護霊よ、
　ドナルド・トランプ氏の守護霊よ、
　こちらにお越しいただけますでしょうか。
　こちらは東京の幸福の科学総合本部です。
　ドナルド・トランプよ、
　こちらにお越しいただけますでしょうか。
（約7秒間の沈黙）

2 Kim Jong-un Should Say, "We Are Losers"

Donald Trump's Guardian Spirit Ah... umm (*coughs*).

Kazuhiro Ichikawa Good morning, Mr. Guardian Spirit of Mr. Donald Trump.

Trump's G.S. Mr. Guardian Spirit? (*Laughs.*) No, no. Please call me "Donald" or "Mr. Trump."

Ichikawa Donald, thank you for coming to Happy Science General Headquarters today.

Trump's G.S. Yeah, you are my friends, so it's OK.

Ichikawa Thank you so much. Happy Science is supporting you to make America great again.

2　金正恩は「負け」を認める必要がある

ドナルド・トランプ守護霊　ああ……うん（咳払い）。

市川和博　ドナルド・トランプ氏の守護霊様、おはようございます。

トランプ守護霊　守護霊様って（笑）。いや、いや。「ドナルド」か「トランプさん」と呼んでください。

市川　ドナルド。本日は幸福の科学総合本部にお越しくださり、ありがとうございます。

トランプ守護霊　ああ。君たちとは友人なんで、いいんですよ。

市川　ありがとうございます。幸福の科学は、あなたが「アメリカをもう一度偉大な国にする」よう、支援させていただいております。

2 Kim Jong-un Should Say, "We Are Losers"

Trump's G.S. I know, I know. Thanks a lot.

Ichikawa Though you're quite busy, today, I just want to have a chat with you.

Trump's G.S. Chat? (*Laughs.*) Just chat. Ah, OK.

Ichikawa Or play cards because you are called Trump.

First of all, we are very concerned about the session between Kim and Moon, Chairman Kim and President Moon.

Trump's G.S. Uh huh.

Ichikawa First of all, could you tell us your impression on this conference?

Trump's G.S. In this worldly meaning, it is a progressive result, I think, because I have been quite

トランプ守護霊　知ってますよ。お世話になっています。

市川　たいへんご多忙かとは存じますが、今日は少しだけおしゃべりを。

トランプ守護霊　おしゃべり（笑）？　少しだけ、おしゃべりですか。ああ、オーケー。

市川　あるいは、あなたは〝トランプ〟さんですから、〝カード遊び〟ということで。
　はじめに、私たちは金氏と文氏、金委員長と文大統領の会談がたいへん気になっております。

トランプ守護霊　うん。

市川　まず、この会談について、ご感想を教えていただけますでしょうか。

トランプ守護霊　この世的な意味では、革新的な結果だと思いますよ。私が北朝鮮に非常に厳しい態度で臨んできた

strong in my attitude toward North Korea, and this is the result. The essential word is… Mr. Kim Jong-un should say, "We are losers." These are the keywords. We need these words.

But this news indicated that North and South Korea are both in an equal situation and that officially, South Korea admitted the existence of North Korea. So, this is not enough. My intention is beyond this result, but firstly, it's a good thing to make good progress for the better future.

The next conference between Kim Jong-un and me is the most difficult one, I guess so. Ulaanbaatar or Singapore, we must meet and make a conclusion. At yesterday's conference, there was no concrete conclusion or deed shown, and the only clear point was the next meeting between the North and Korea this autumn. This is not enough. So, the crucial decision must be made in these several weeks. I'm preparing for that.

からこその結果です。肝心なのは……金正恩氏は「われわれの負けだ」と言うべきなんです。それがキーワードで、その言葉こそ必要です。

ところが今回のニュースが示しているのは、南北朝鮮が対等な立場であり、韓国が北朝鮮の存在を公式に認めたということなので、不十分ですね。私が意図しているのは、この程度の結果以上のものなんですが、まずは、「より良き未来」に向けて前進があったこと自体は結構なことです。

次の私と金正恩との会談こそ、一番の難関だと思います。ウランバートルかシンガポールで会って結論を出さないといけないので。昨日の会談では何の具体的な結論もなければ行動も示されなくて、唯一明確なポイントは、次回の北と韓国の会談がこの秋に開かれるということだけなので、不十分です。この数週間のうちに決定的な判断を下さないといけません。私は今、その準備に入っています。

Ichikawa Thank you very much. You said a very important phrase, "Kim Jong-un should say, 'We are losers.'"

Trump's G.S. Yeah.

Ichikawa But people of the world never think about that because they are making progress toward ending the Korean War and making peace in the peninsula. So, it's very...

Trump's G.S. Peace and prosperity, they say, but before that, they must admit, "We, North Korea, lost in this war against the international society."

Ichikawa To realize this situation, what would you do for the future?

Trump's G.S. It depends, but please tell your party (the Happiness Realization Party) president, Shaku...

2　金正恩は「負け」を認める必要がある

市川　ありがとうございます。きわめて重要なフレーズを
おっしゃいました。金正恩は「われわれの負けだ」と認め
なければいけないと。

トランプ守護霊　そうです。

市川　しかし世界の人々は、まったくそうは思っていませ
ん。朝鮮戦争の終戦と半島の平和に向けて前進していると
思っているからです。ですから非常に……。

トランプ守護霊　「平和と繁栄」と言ってますが、その前
に、「自分たち北朝鮮は、今回の国際社会との戦争に負けた」
と認めなければ駄目です。

市川　そうした状況をもたらすために、あなたは、未来に
向けて何をされますか。

トランプ守護霊　それは状況次第ですが、おたくの政党（幸
福実現党）の釈党首に伝えてもらえますか……。

29

2 Kim Jong-un Should Say, "We Are Losers"

Ichikawa Ms. Ryoko Shaku?

Trump's G.S. …Ms. Shaku, that "foolish" Trump would never, ever say that. I'm thinking deeply about that. I'm not so poor at negotiations, so please rely on me. I made up my mind already that they should abandon all nuclear weapons, the long range, middle range and short range missiles, chemical weapons, biological weapons, and other very crucial weapons on the human race. Or else, we will destroy all of their armed systems. We will destroy all of them.

Ichikawa It's very amazing. "Or else, you will destroy their nuclear weapon sites"?

Trump's G.S. Death or give up.

市川　釈量子さんですね。

トランプ守護霊　釈さんに、〝愚かな〟トランプは断じてそれを言うようなことはしませんと。その点は深く考えているんです。私はそれほど交渉下手ではないので、どうか信頼していただきたいんです。私の腹はもう決まっています。彼らは、すべての核兵器、長距離ミサイル、中距離ミサイル、短距離ミサイル、化学兵器、生物兵器、その他、人類に致命的な害を与える兵器を放棄しなければならない。さもなくば、われわれが彼らの軍事システムをすべて破壊する。一つ残らず破壊します。

市川　本当にすごいことです。「さもなくば核兵器施設も破壊する」と。

トランプ守護霊　「死」か「降参」かです。

3 What is the First Strategy to a World Full of Democracy?

Kiyoshi Shimada Good morning, Mr. Trump. I just came back from the United States three months ago.

Trump's G.S. Oh!

Shimada We, Happy Science, have been counting on you…

Trump's G.S. I know, I know, I know.

Shimada …the biggest example being Master Ryuho Okawa coming to New York and giving a lecture, where he told people, "Mr. Trump will be the president,[*]" and it was realized.

3 世界の民主主義化のための第一戦略は

島田清 おはようございます、トランプさん。私は３カ月ほど前にアメリカから戻ったばかりです。

トランプ守護霊 ほう！

島田 私たち幸福の科学は、あなたに期待してきました。

トランプ守護霊 はい、知ってますよ。

島田 なかでも一番大きかったのは、大川隆法総裁がニューヨークに来られて説法をし、「トランプ氏が大統領になる」とおっしゃったことです(注)。そして、それが実現しました。

(注) 2016 年 10 月 2 日、ニューヨークのクラウンプラザ・タイムズスクウェア・マンハッタンにて、法話「自由、正義、そして幸福」を説いた（左ページ写真）。『大川隆法 ニューヨーク巡錫の軌跡 自由、正義、そして幸福』（幸福の科学出版刊）参照。
★On October 2nd, 2016, Ryuho Okawa gave a lecture in English, "Freedom, Justice, and Happiness" at Crowne Plaza Times Square Manhattan in New York. See *Okawa Ryuho New York Junshaku no Kiseki* (literally, Ryuho Okawa's Missionary Tour in New York) (Tokyo: IRH Press, 2017).

3 What is the First Strategy to a World Full of Democracy?

Trump's G.S. Thank you.

Shimada Thank you so much for your decisions and solutions on political issues. As a result, the U.S. economy is getting better and better.

What I'd like to ask is, looking at the situation in the world, Xi Jinping of China and Putin of Russia are ruling their countries as dictators. I believe you are the protector of democracy. What do you see in the future? How would you deal with this situation to make the world full of democracy?

Trump's G.S. The first strategy is that we must strengthen the treaty between the U.S. and Japan. This is the first strategy. I hope Mr. Abe, or Mr. Abe-like statesman, will lead Japan continuously and we, the two countries, can protect against evil to keep the real democratic system. This is the first thing.

Next is the relationship between the U.S. and the EU. We must keep good ties with the EU because

トランプ守護霊 ありがとう。

島田 あなたの政治的決断と解決策に感謝申し上げます。そのおかげで、アメリカ経済はどんどん良くなっています。

そこでお尋ねしたいのは、世界の現状を見るに、中国の習近平、ロシアのプーチン、彼らは独裁者として国を統治しています。あなたは〝民主主義の守護者〟でいらっしゃると思いますが、未来をどうご覧になっていますか。世界全体を民主主義世界にしていくために、この状況にどう対処されますか。

トランプ守護霊 最初の戦略としては、日米同盟を強化しないといけません。それが最初の戦略です。私としては、安倍さんや、安倍さん的な政治家が引き続き日本を率いて、真の民主主義体制を維持するべく、われわれ両国が悪に対して守っていけることを望んでいます。これが第一です。

次に、アメリカとEUの関係です。EUと良好な連携を維持しないといけません。ロシアのプーチンが、彼の能力は

3 What is the First Strategy to a World Full of Democracy?

Putin of Russia, I know his ability, but these days, he's changing a little. You said dictatorship. Yeah, really, he has dictatorship. It sometimes means the enemy of democratic system. We need elections.

Of course, Russia has election systems, but in the real meaning, the conclusion is predicted because no one can conquer military power. So, Putin will continue his strong-style dictatorship. He's thinking about rebounding as a superpower. Russia, again, wants to become a superpower. He's trying to protect against the EU because in the EU, several countries have long-distance missiles made by the U.S.A. So, he's very serious about that.

At this point, Syria is the most difficult country. It's the main point of the struggle between the U.S.A. and Russia. It means the Assad regime. How do you think about that? What do you think of the Assad regime? Is this correct or not? He has justice or not? If he is evil, we must destroy his regime. But Russia, they have a friendship between the two countries. There is

私も知っていますが、ここに来て少し変わってきているので。あなたは独裁政治と言われたけれども、その通りで、実際、彼は独裁政治をやっていて、場合によっては民主主義体制の敵を意味することもあります。選挙が必要なんです。

もちろんロシアにも選挙制度はあるけれど、実際には結論は最初からわかっています。軍事力に勝てる人はいませんので。ですから、プーチンは強権的な独裁政治を続けるでしょう。彼は「大国に返り咲こう」と思ってるんです。ロシアは再び大国になりたいんです。プーチンはＥＵに対して守りを固めようとしています。ＥＵにはアメリカ製の長距離ミサイルを持っている国がいくつかあるので、プーチンはその点を非常に重く受け止めています。

この点で、一番難しい国はシリアです。シリアが、アメリカとロシアの争いの要なんです。要は「アサド政権」で、これをどう見るか。アサド政権をどう見るか。正しいのかどうか。彼に正義があるのかどうか。「悪」であるなら、彼の政権を滅ぼさないといけない。だがロシアは、その二国間に友好関係がありますから、プーチンはわれわれの攻撃を決して容認しないでしょう。たとえばアメリカ、フラ

friendship, so Putin will never forgive our attack. Our attack means, for example, the attack of the U.S., the French, and the U.K.

So, the most difficult problem is if Russia, China, North Korea and South Korea, if these four countries want to have some kind of treaty in the military meaning, at that time, Japan and the United States, we two must fight against them. It would trigger Third World War. So, diplomacy is quite, quite difficult from now on, I think.

Shimada Do you think Abe can handle the situation?

Trump's G.S. I'm the guardian spirit, but we must respect the friendship and personality of Mr. Abe, so I can't say the real thing. Please forgive me about that.

He is a good man. He's continuously seeking for Japanese peace. He has confidence in the United States; its democratic policy and military power. He relies on us, so we want to keep good friendship with him. It's

ンス、イギリスによる攻撃ですね。

　一番難しい問題は、ロシア、中国、北朝鮮、韓国、この四カ国が何らかの軍事条約を結ぼうと考えた場合、日本とアメリカが彼らと戦わなければならなくなるので、それが第三次世界大戦の引き金になるかもしれません。ですから今後は、外交が実に実に難しくなると思いますね。

島田　安倍さんはこの状況に対処できると思われますか。

トランプ守護霊　私は守護霊ですが、安倍さんとの友情や彼の人格は尊重しないといけないので、本当のことは言えないんです。その点はご容赦願います。
　〝いい人〟ですよ。日本の平和を求め続けているし、アメリカと、アメリカの民主主義的政策や軍事力には確信を抱いています。われわれを信頼してくれているので、彼とはいい関係を保ちたいと思ってます。だから率直なことは

difficult to speak frankly, but to tell the truth, he has nothing to do now. He is at a loss. He is not counted in the world politics today. He is, how do I say, he has a little weak will, I guess.

4 The Deadline for North Korea to Abandon Nuclear Weapons— "Within Three Years"

Jiro Ayaori So please, let us go back to the problem of North Korea.

Trump's G.S. Uh huh.

Ayaori If Kim Jong-un doesn't accept your proposal to destroy nuclear weapons and all types of missiles, will you leave the seat at the meeting?

言いにくいんですが、本当のところを言えば、彼は今のところ何もやることがないんですよ。どうしていいか途方にくれているんです。現在の国際政治においては、数のうちに入ってないんです。何と言うか、ちょっと意志が弱い人じゃないでしょうかね。

4　北の核放棄のデッドラインは「3年以内」

綾織次郎　北朝鮮の問題に戻らせていただきたいのですが。

トランプ守護霊　いいですよ。

綾織　金正恩が、核兵器とあらゆるタイプのミサイルを破棄せよというあなたの提案を受け入れない場合、あなたは会議の席を立ちますか。

Trump's G.S. Hmm? Leave the sea?

Ichikawa If you cannot negotiate with Kim Jong-un, are you going to kick the chair and go back?

Trump's G.S. Go back... Ah, OK, OK. Yeah, OK (*laughs*). Not-so-good manner, but it's OK.

Ichikawa It's possible?

Trump's G.S. Ah, yeah.

Ichikawa Is it one option to leave the negotiation table?

Trump's G.S. Some people say that I can get Nobel Peace Prize this year, but other people say, "Don't hesitate to attack. Have strong attitude toward him." These two are pushing me. But my strong point is that

4　北の核放棄のデッドラインは「3年以内」

トランプ守護霊　うん？　リーブ・ザ・スィー？

市川　金正恩と交渉にならない場合は、椅子を蹴って退席
しますか、ということです。

トランプ守護霊　退席……ああ、わかりました、はい。あ
あ、なるほど（笑）。マナーとしてはあまり良くはないが、
それもいいでしょう。

市川　それも有り得ますか。

トランプ守護霊　ああ、はい。

市川　交渉の席を立つことも、一つの選択肢としてはある
のでしょうか。

トランプ守護霊　私は今年ノーベル平和賞をもらえると
言う人もいるし、「彼に対しては容赦なく攻撃しろ。強気
で行け」と言う人もいて、この二種類の人たちから急かさ
れているんです。ただ、私の「強み」は、自分でも（笑）、

43

I, myself (*laughs*), don't know what will happen at the time. This is one of the crazy attitudes, I think.

For example, Mr. Obama can prophesy his opinion or action before the conference. But Donald Trump is the man of mystery, the man of question, the man of (*laughs*) magic. It's my secret power. I, myself, don't know about that; kick the table, kick Kim Jong-un (*audience laugh*), will I give him a suitable punch, or will I just smile at him and shake hands with him? It's unpredictable. Please foresee.

Ayaori When do you think is the deadline of denuclearization and abandonment of missiles?

Trump's G.S. When is the deadline? Hmm. It's the most difficult question. They will show some kind of intention to abolish nuclear weapons, but it might be year by year. For example, before the next Tokyo Olympics, they will abandon 20 percent of the nuclear power or weapons, like that. But I don't agree with

その場になったら何が起きるかわからないということなんです。クレイジーな態度だとは思いますが。

　たとえばオバマさんなら、会談の前に自分の意見や行動を予測できるけど、ドナルド・トランプは「謎の男」「疑問だらけの男」「魔法の男」で（笑）、そこが私の「強さの秘密」なんですよ。自分でもわかりません。テーブルを蹴飛ばすか、金正恩を蹴飛ばすか（会場笑）、彼に見合ったパンチを食らわすかもしれない。それか、笑顔で彼と握手するだけかもしれない。予測不能なので、予想してみてもらえますか。

綾織　「非核化」と「ミサイル放棄」のデッドラインは、いつであると考えていますか。

トランプ守護霊　デッドラインはいつか。うーん。最大の難問です。彼らは核兵器を放棄する意思を、ある程度、見せることは見せるだろうけど、１年刻みかもしれないので。たとえば「次の東京オリンピックまでに核兵器の20％を放棄する」とか。だが、そんなものは呑めません。核兵器と核施設の放棄に関する全体計画を見せていただきたい。

4 The Deadline for North Korea to Abandon Nuclear Weapons—"Within Three Years"

that. Please show us the total plan of abandoning nuclear weapons and nuclear facilities. At least maybe within three years. Hmm. All of them should be abolished within three years.

Ayaori In your first term?

Trump's G.S. Yes! Yes, Yes! That is the condition for my success in the next presidency.

Shimada That means you are meeting Kim Jong-un if some conditions are met beforehand?

Trump's G.S. In the real meaning, the crucial point is if we support the Kim Jong-un regime or we want to (*laughs and makes a bombing gesture with his hand, but also gestures as if to say that it's a secret*)... I cannot say it in words. We don't want the future of Kim Jong-un regime. I must decide.

Kim Jong-un requires us to guarantee their

少なくとも３年以内に。うん。３年以内にすべて廃棄しないといけない。

綾織　あなたの一期目の間にということですね。

トランプ守護霊　そうです！　そう、そう！　それが、私が二期目も成功するための条件です。

島田　それは、前もっていくつかの条件が整えば、金正恩と会うということでしょうか。

トランプ守護霊　本当の意味で肝心なのは、われわれが金正恩体制を支持するのか、それとも（笑。「あえて口にしない」意のジェスチャーをし、右手で爆発のジェスチャー）……したいのか。口に出しては言えません。金正恩体制に未来があってほしいとは思いません。私は決断しないといけません。

　金正恩は当然、体制維持の保証を求めてきますが、交渉

continuous regime, of course. But the conclusion of the negotiation will make him go into a cage like a tiger which is injured, he will lose political power, or the military will kill him. It depends on the conclusion, but these days, I can say that if I will meet him or not is still 50-50. If, before our session, he strongly issues the prerequisite condition about his protection, I will not meet him. I want to have a free hand. So, please rely on me about that.

5 Trump's Thoughts On the Unification of Koreas

Ichikawa Thinking about the unification of North and South Koreas, do you agree on the unification of North and South Koreas? Or, do you have any opinions about the Korean Peninsula?

Trump's G.S. As you already insisted, we must

の結論によっては、彼は「手負いのトラのように檻の中に放り込まれるか」、「政治権力を失うか」、「軍部によって殺されるか」するでしょう。それは結論次第ですが、現時点では、彼と会うかどうかはまだ半々だと言えます。首脳会談の前に、向こうが自分の保護に関して必須条件を強く持ち出してきたら、彼とは会いませんよ。私はフリーハンドでありたいので。その点は、どうか信頼してください。

5　南北朝鮮統一をどう見るか

市川　南北朝鮮の統一について考えてみますと、南北朝鮮の統一については賛成されますか。あるいは、朝鮮半島について何か意見をお持ちでしょうか。

トランプ守護霊　あなたがたがすでに主張されているよう

49

support South Korea. South Korean regime should prevail on North Korea. This kind of unification is permissible. But if North Korea has super-power over South Korea, I cannot admit that situation. So, the conclusion is freedom, equality, no dictatorship, especially military dictatorship, and election system.

Ayaori The intention of the two, Kim Jong-un and Moon Jae-in, is to create unification on an equal footing. Can you accept that?

Trump's G.S. It is a weakness of Moon Jae-in, but I cannot control his character. I, myself, have stronger opinion and attitude toward Kim Jong-un, but in the meantime, I must show, or we must show, a welcoming attitude toward peace-making activities for the world.

If we can have a conversation and if, by dint of conversation only, we can denuclearize the Korean Peninsula, and if we can accept the proposal of Mr.

に、韓国を支持しないといけません。韓国の体制が北朝鮮を覆うべきです。そういう統一なら構いませんが、北朝鮮が韓国に対して力を強めるのなら、そんな状況は許容できません。ですから結論は、「自由」と「平等」と、「非・独裁体制、特に軍事独裁体制」と、「選挙制度」です。

綾織　この二人、金正恩と文在寅の意図は、「対等な統一」ということですが、その点は受け入れられますか。

トランプ守護霊　そこが文在寅の「弱さ」なんですが、私には彼の性格をコントロールすることはできませんので。私自身は金正恩に、もっと強い意見と強硬姿勢を示していますが、その一方で、世界平和に向けた動きに対しては歓迎の姿勢を見せないといけません。

　もし対話が可能で、対話の力だけで朝鮮半島の非核化が可能になり、安倍氏の提案を受け入れることができるのであれば、より良い未来が来るけれど、実際には、そんな前

Abe, the future will be better. But in reality, we won't have such kind of positive future. We are preparing for the worst situation.

Ayaori The unification of the South and North means the withdrawal of the U.S. troops from the Korean Peninsula. What do you think of that?

Trump's G.S. Impossible. Impossible. They, meaning the North Korean military government, will lose their power; this is the conclusion, there is no other choice. They must admit that they are losers. We are not losers and we are not equal. They must know about that. If possible, I can destroy North Korea within three days. We are not equal. They should know that.

But South Korean Moon Jae-in, he is a little weak. If his conversation attitude means that, before his next visit to Pyongyang, he will aid a lot of materials, food and energy to North Korea as a gift, if he is that weak, we will take a more and more strong attitude. I mean,

向きの未来は来ませんよ。われわれは最悪の事態に備えています。

綾織　南北の統一は、朝鮮半島からの米軍撤退を意味しますが、その点はどう思われますか。

トランプ守護霊　有り得ません。有り得ない。彼らは、北朝鮮の軍事政権は力を失う。それが結論で、ほかに選択肢はない。彼らは敗北を認めなければならないんです。われわれは敗北者ではないし、彼らと対等でもない。彼らはそれを知る必要がある。もし、やっていいなら、北朝鮮は三日で破壊できます。対等じゃないんで、それをわからせないといけない。

　だが韓国の文在寅は少し弱いので、彼の「対話路線」が、次の平壌訪問までに物資や食糧やエネルギーなどの援助を大量に北朝鮮に贈ることを意味するなら、彼がそこまで弱いなら、われわれはさらなる強硬姿勢をとるでしょう。要するに、振り出しに戻るわけです。

5 Trump's Thoughts On the Unification of Koreas

we will go back to the starting point.

Ichikawa You said Mr. Moon is weak.

Trump's G.S. Weak.

Ichikawa From your viewpoint, what kind of person is he? What do you think about his character?

Trump's G.S. Moon Jae-in? Just Korean.

Ichikawa Just Korean? What do you expect of him in this matter?

Trump's G.S. (*Sighs.*) There's one possibility. He wants to solve the problem in a Korean way of thinking. But we, historically, analyze that these kinds of activities have been mistakes every time. So, he will lose in conversation and negotiation with Kim Jong-un.

Mr. Kim Jong-un is never a peace-maker. He's

市川　文氏は弱いとおっしゃいました。

トランプ守護霊　弱いですね。

市川　あなたからご覧になって、彼はどんな人間でしょうか。彼の性格についてはどう思われますか。

トランプ守護霊　文在寅ですか。要は〝韓国人〟ですよ。

市川　要は〝韓国人〟であると。この件に関して、彼に何を期待されますか。

トランプ守護霊　（ため息）可能性は一つ。彼は〝韓国的な考え方〟で問題解決をしたいわけです。しかし、われわれの歴史分析によれば、その種の活動は決まって間違いなので、彼は対話でも交渉でも金正恩に負けるでしょう。

　金正恩氏は「平和の創り手」なんかじゃない。断じて違う。

never a peace-maker. He is the maker of dangerous situations around the east part of Asia. So, he must apologize to South Korean people, Japanese people, and other Asian countries. He should appreciate the cooperation of China and appreciate my smile, I think. He's a bad guy. I think so.

Ichikawa You said dangerous situations in the Korean Peninsula. So, what...

Trump's G.S. He made it.

Ichikawa Can you foresee the future dangerous situations in East Asia?

Trump's G.S. Uh huh. Kim Jong-un is thinking that they want to use the power of China and they want to make a balance of power between China and the United States. But now, his analysis is just a mistake. Chinese Xi Jinping thinks that now, they cannot have

東アジア全体の「危機的状況創造者」です。彼は韓国人や日本人や他のアジアの国に謝らないといけないんです。中国の協力に感謝すべきだし、私の笑顔にも感謝すべきだと思いますね。彼は悪人だと思います。

市川　朝鮮半島の危機的状況とおっしゃいましたが、では……。

トランプ守護霊　彼がこの状況をつくったんです。

市川　東アジアの近未来の危機的状況が予見できますでしょうか。

トランプ守護霊　ああ。金正恩は中国の力を使いたいと思っているし、中国とアメリカの力の均衡を生み出したいと思っていますが、現在、彼の分析は、ただただ間違いです。中国の習近平は現在、われわれと軍事衝突はできないと思っています。中国はその戦争に勝てないからです。も

5 Trump's Thoughts On the Unification of Koreas

military collision with us because China cannot win in that war. If China, Russia, North and South Korea, these four countries have conglomerate power on us, and we lose the relationship between Japan and the United States, at that time, their chance will be 50-50. But now, China doesn't like to make trouble with us, so it's difficult for him.

Shimada We are learning Master Ryuho Okawa's teachings, and one of them says that what's happening in the spiritual world will be realized in this world. So, if Mr. Trump will meet Mr. Kim Jong-un in person in the future, did you, as a guardian spirit, already meet Kim Jong-un's guardian spirit in the spiritual world?

Trump's G.S. Ah. As you know, I'm one of the gods of the United States. He is not a god, but he is a dictator of North Korea. He is one of the members of Satans in North Korea. I know about that. So, we cannot be real friends.

し中国とロシアと南北朝鮮の四カ国が束になってかかって
きて、日米関係が切れた場合は、向こうの勝機は五分五分
ですが、今のところ中国はわれわれとトラブルを起こした
くないと思っているので、彼にとっては厳しいでしょう。

島田 私たちは大川隆法総裁の教えを学んでいますが、「霊
界で起きていることは地上でも実現していく」という教え
があります。そこで、トランプ氏が今後、金正恩氏と会談
するとしたら、あなたは守護霊として、霊界で金正恩の守
護霊とすでに会われましたか。

トランプ守護霊 ああ。ご存じの通り、私はアメリカ合衆
国の神々の一人です。彼は神ではなく、北朝鮮の独裁者で
す。北朝鮮の悪魔の一人です。そのことはわかっています。
ですから、真の友人になることはできません。

6 "Japan Should Abandon Relying On Other Countries"

Shimada Thank you so much. Also, Moon Jae-in and Kim Jong-un are influenced by China's Xi Jinping right now. After this, if unification happens, China will increase its power more in East Asia. Do you have any ideas to deal with that situation against China?

Trump's G.S. I ask Japan to protect yourself in the military meaning, and of course, in the economic meaning and the political meaning. Japan must be the frontline fortress. Japan must have the leadership in the Pacific Rim.

So, I ask Mr. Abe to prepare for China, the total Korean political system and, of course, Russia. We need Japanese military and economic power to keep the peace of the world.

I have another crisis, for example, in Iran, Syria, the EU and Russian relationships, and maybe Egypt or

6 日本は他国に頼るのをやめよ

島田　ありがとうございます。また、文在寅も金正恩も現在、中国の習近平の影響を受けています。今後、もし統一がなされれば、東アジアにおける中国の勢力が強まります。中国に対抗して、その状況に対処するためのお考えは何かおありでしょうか。

トランプ守護霊　日本には、「自分の国は自分で守る」ようお願いします。軍事的な意味においてですし、当然、経済的・政治的意味においてもそうです。日本は最前線の砦でなければいけないし、環太平洋圏の中でリーダーシップをとらなければいけません。

　ですから安倍さんには、中国、統一朝鮮の政治体制、そしてもちろんロシアに対する備えをしていただきたいと思います。世界の平和を維持するためには、日本の「軍事力」と「経済力」が必要なんです。

　私はほかにも危機を抱えてるんですよ。たとえばイラン、シリア、ＥＵ、ロシアとの関係です。あるいはエジプトもそ

including Israel. There are a lot of future crises in the world. So, we need more power and more wisdom. Japan should abandon just relying on other countries. Please set up your own system and have suitable or reasonable power. I ask so.

Ayaori We are *The Liberty*. This is a Japanese magazine. We have some information about your advice to Prime Minister Abe. You demanded him that Japan revise Article 9 and be equipped with nuclear arms and possess aircraft carriers. Did you advise so to Mr. Abe?

Trump's G.S. Of course, it's the origin of superpower. If you don't have such kind of military powers, you cannot have strong opinion to other countries. Even North Korea, small North Korea, can control you.

You should protect yourself. At that time, we can help you, but if you don't want to protect your own country, and your people, Japanese people, easily want

6 日本は他国に頼るのをやめよ

うかもしれないし、イスラエルも含まれます。世界には将来的にさまざまな危機があるので、もっと力や智慧が必要なんです。日本は他国に頼ってばかりの姿勢をやめるべきです。ぜひ、自分たち自身のシステムを打ち立て、ふさわしい、あるいは然るべき力を持ってくださるようお願いします。

綾織　私たちは「ザ・リバティ」という日本の雑誌ですが、あなたから安倍首相にアドバイスをされたという情報を得ています。安倍首相に対し、日本は憲法9条を改正して核兵器を装備し、空母を保有するように要求されたとのことですが、安倍首相にそういったアドバイスをされたのでしょうか。

トランプ守護霊　当然です。それが大国のもとになるものです。そういう軍事力がなかったら、他国に強くものが言えなくて、あんな北朝鮮みたいな小国にまで支配を許してしまいますよ。

　自分たちのことは自分たちで守らなきゃ駄目です。そうであれば、われわれもお助けできますが、あなたがたに自国を守る気がなくて、日本人が国も命もお金も家も、何で

63

to abandon your nation, your lives and your money or your houses, you easily want to abandon everything, we can do nothing about that. It's your decision, so we cannot protect you. If you want to protect yourself, we will join you and we will help you. But if you want to lose yourself, no one can save or no god can save you.

Ayaori Last week, we had a spiritual message from Ryotaro Shiba.* He's a famous Japanese author. In the spiritual message, he said President Trump will compromise with Kim Jong-un…

Trump's G.S. Compromise? Hmm.

Ayaori …for short-term outcome. What do you think of that?

6　日本は他国に頼るのをやめよ

もかんでも安易に投げ出すつもりだとしたら、われわれにはどうしようもありません。あなたがたが決めることなので、守ってあげられません。自分たちで守る気があるなら、一緒になってお助けしますが、自分から負けるつもりなら、救える人はいませんし、どんな神にも救うことはできません。

綾織　先週、日本の有名な作家の司馬遼太郎の霊言がありました（注）。彼がその中で言うには、「トランプ大統領は金正恩と妥協するだろう」と。

トランプ守護霊　妥協？　うーん。

綾織　「短期的成果を得るために」と。どう思われますか。

(注) 2018年4月19日、幸福の科学総合本部にて収録。『司馬遼太郎 愛国心を語る』（大川隆法著・幸福の科学出版刊）所収。
★Recorded on April 19, 2018 at Happy Science General Headquarters. See *Shiba Ryotaro Aikokushin wo Kataru* (literally, Ryotaro Shiba Speaks On Patriotism) (Tokyo: IRH Press, 2018).

Trump's G.S. I sometimes use good words toward my enemy, but it is my negotiation style, so please see all the process. Sometimes I said, "Mr. Kim Jong-un is a smart cookie." It means smart guy. But I just urge him to think of a more peaceful world; if I were his father, I would definitely say so.

It's not just to praise him or compromise with him. I sometimes educate him to have him choose some good conscience within him and want to have him realize that he, himself, has a good spiritual mind in him. It's God-nature, as you say. But in reality, I already decided good and evil. In this point, don't be doubtful about that.

Ayaori Thank you.

Ichikawa I read in an article on newspaper that the U.S. has decided to send the commander of the Navy, Mr. Harris, half Japanese, as the U.S. ambassador to South

トランプ守護霊　私は敵のことを良く言うこともありますが、それが私の交渉スタイルなので、プロセス全体を見てください。「金正恩氏はスマート・クッキーだ」と言ったこともありますよ。「頭がいい人」という意味ですが、それは、もっと平和な世界を考えるよう促しているだけなんです。私が彼の父親なら、間違いなくそういう言い方をしますよ。

　単に褒めているわけでも、妥協しているわけでもありません。場合によっては、彼が良心を選ぶように教育して、自分の内にも善なる精神性があると気づいてもらいたいんです。あなたがたの言葉で言えば「神性」ですね。ただ実際には、私の中ですでに善悪は決まっていますので、その点については疑わないでください。

綾織　ありがとうございます。

市川　私は新聞記事で読んだのですが、海軍司令官で日系アメリカ人のハリス氏を、駐韓アメリカ大使として派遣することをお決めになったそうですね。そこに何らかの戦略、

Korea. I felt there could be something like a strategy or tactic. What kind of intention do you have about his assignment?

Trump's G.S. I cannot tell everything. But please believe in me in this point. I will make a great decision and will get (*clap*) a great conclusion (*clap*) within my first period of presidency, I mean four years, at the end of 2020. I will destroy North Korea. They, themselves, self-destroy or I... we will destroy. Both ways are possible, but before 2021, in my presidency, I will make a conclusion.

Even if I lose the next presidential election, nothing can be reversed by that result of the American election. I, myself, will decide and make the conclusion and it means the death of the regime of *evil* North Korea. Then, in my first period, you can see the result. Please believe in me.

戦術があるように感じたのですが、彼の指名に関しては、どんな意図がおありなのでしょうか。

トランプ守護霊　すべてを語ることはできませんが、その点に関しては、どうかご信頼ください。私は「大いなる決断」を下すつもりですので、一期目の大統領任期中に（手を叩く）「大いなる結論」が出る（手を叩く）でしょう。つまり4年以内、2020年末までということです。北朝鮮は破壊します。彼らが自滅するか、われわれが破壊するかです。どちらも有り得ますが、2021年までには、私の任期中には「結論」を出します。

　たとえ私が次の大統領選で負けても、アメリカ大統領選の結果によってくつがえるものは何もありません。この私が決断し、結論を出します。すなわち、〝邪悪なる北朝鮮体制の死〟です。ですから私の一期目のうちに結果をご覧になれるでしょう。どうか私を信じてください。

7 "I Have No Attachment to Nobel Peace Prize; I Will Do My Justice and Just Depend On My Conscience"

Shimada Is there anything that Happy Science North America or U.S.A. can help you with to fulfill your mission and to continue your presidency? There are many members and people who are in Happy Science U.S.A. Is there anything we can do for you?

Trump's G.S. Please, please get more members. That's all. I need one million, ten million, or more than that. Can I ask... Oh, forget about that. Forget about that. You don't have enough members and enough political power. If more than 80 percent of the American people know about Happy Science, you are reliable and preferable for me.

In the spiritual meaning, I already rely on you, but in the worldly meaning, your force is not enough. Your forces are not enough. So, more, more members.

7 ノーベル平和賞より、正義と良心に従うのみ

島田　あなたが引き続き大統領として使命を果たされるために、ハッピー・サイエンス北米、ＵＳＡが何かお役に立てることはありますか。ハッピー・サイエンスＵＳＡには信者が、人が大勢います。私たちにできることがありますでしょうか。

トランプ守護霊　ぜひ、ぜひもっと信者を増やしてください。それに尽きます。百万人、一千万人、それ以上が必要です。お訊きしたいのですが……いや、やはり結構です。忘れてください。信者数も政治力も足りないようなので。アメリカ人の80パーセント以上がハッピー・サイエンスを知るようになれば、頼りになる好ましい存在なんですけどね。

　霊的な意味では、すでに頼りにさせてもらってますが、この世的な意味では勢力が十分ではないので、ぜひ信者をもっともっと増やしてください。うーん……できれば1億

Please get more, more, hmm… 100 million members, if possible. If it's not possible, then including Canada and the EU, I ask you to get more than 100 million people.

Ichikawa Do you have any message to the American people? Because the next election is coming.

Trump's G.S. OK. American people, American newspaper, American TV, or American journalist, I don't know what you mean, but I will say I don't have any attachment to Nobel Peace Prize. I will do my justice. I just depend on my own conscience. Nobel Peace Prize cannot change my mind. OK?

I'm not so… I don't use such kind of mean way to get Nobel Peace Prize and win the next presidency. It's "Obaman" policy. I don't like that kind of policy. I am greater than the Swedish and Norwegian people. Haha. Don't think too small of me. I'm a great person and a

人。それが無理なら、カナダとＥＵを含めて信者を１億人
以上にするよう、お願いします。

市川　次の選挙が近づいておりますので、何かアメリカ国
民へのメッセージはございますか。

トランプ守護霊　わかりました。アメリカ国民、アメリカ
の新聞、アメリカのテレビ、アメリカの報道関係者、何を
意味しているのかわかりませんが、言っておきたいのは、
「私はノーベル平和賞に執着などまったくしていない」と
いうことです。自らの正義を行い、自らの良心に従うのみ
です。私の考えはノーベル平和賞なんかで変わらないので。
いいですか。

　私はそんなね……ノーベル平和賞をもらうことで次の大
統領選に勝つとか、そんな卑しい手は使いませんよ。そん
なのはオバマ的なやり方であって、私はそんなやり方は好
きじゃないですから。スウェーデンやノルウェーの連中よ
り私のほうが上なので……ハハ。見くびってもらっちゃ困

great soul. I have the mission of God. So, please rely on me.

Ichikawa Thank you very much. In addition to that, do you have any future project or plan in order to make America greater?

Trump's G.S. Make America greater?

Ichikawa Do you have any future plan or future project for the U.S.A.?

Trump's G.S. In one meaning, it's economic power. We have trade deficit, so our country needs more international competency in the level of the companies. American great companies spread their power all over the world, but they have no respect to the United States. They must return their profits to the United States. I think so. The enterprises of the United States should prosper more than as they are, of course. We

りますね。私は大人物なんです。偉大な魂なんです。神の使命を帯びているんです。どうぞ、頼りにしてください。

市川　ありがとうございます。それに加えて、アメリカをさらに偉大な国にするために、何か将来に向けたプロジェクトや計画はお持ちでしょうか。

トランプ守護霊　「アメリカをさらに偉大に」ですか。

市川　アメリカのために、何か将来の計画やプロジェクトはお持ちでしょうか。

トランプ守護霊　一つには、「経済力」です。わが国は貿易赤字を抱えているので、会社レベルでの国際競争力を強める必要があります。アメリカの大企業は世界中に勢力を広げることは広げましたが、彼らにはアメリカに対する尊敬心がないので、アメリカに利益を還元しなくては駄目だと思いますよ。アメリカ企業が今以上に繁栄するべきなのも当然のことです。アメリカには巨大な「軍事力」がありますが、当然、巨額の予算を食うので、国際貿易とのバラ

have a lot of military power, but it uses huge budget, of course, so we need balance between that and international trade, and earn more money or profit from unfair countries like China.

Japan also has some problems, but now I say a little about that because we must have strong ties. Through worldwide trading, we want to get more profit, and regarding inner economy, we can change new enterprises and get new jobs and get more income. That will make a strong way to the future.

ンスをとる必要があるし、中国のようなアンフェアな国か
らもっと利益を得る必要があるわけです。

　日本にもいくつか問題はありますが、今は、それに関し
てあまり言うつもりはありません。日米の絆は強くないと
いけませんからね。国際貿易を通じてもっと利益を上げた
いし、国内経済においては新興企業を変革して、新規の雇
用と収入を増やすことができます。それによって、未来へ
の力強い道が開かれるでしょう。

8 "After the North Korean Problem, I Will Try Changing China"

Ayaori Could you tell us about the strategy against China? You have started the trade war. What is your intention and what will happen in the near future against China?

Trump's G.S. They have a large population, but each Chinese person cannot be like an American. So, they have their limits. Because Chinese government has surveillance on their own people. As you said already, they have in the real meaning, no religious freedom and, of course, no political freedom. Only economic freedom, they insist. But this is a bad system. So, I want to change it.

We believe in the power of every person, I mean, the people of the nation. Democracy has its aim. Its aim is to let the people be happier. But in China, people are suppressed by a dictatorship-like government.

8 北朝鮮問題の次は中国を変革する

綾織　対中国戦略についてお話しいただけますでしょう
か。貿易戦争を開始されましたが、その意図は何でしょう
か。また、近い将来、中国に対して何が起きるでしょうか。

トランプ守護霊　中国は人口が多いけれども、個々の中国
人はアメリカ人のようにはなれません。彼らには限界があ
ります。中国政府が自国民を監視していて、先ほどあなた
が言ったように、国民は実際には「宗教の自由」がないし、
もちろん「政治的自由」もなく、「経済的自由」を主張し
ているだけです。これは悪しき制度であり、私はこれを変
えたいんです。

　われわれは一人ひとりの力を、すなわち国民の力を信じ
ています。民主主義には目的があります。その目的とは、「国
民の幸福を増大させること」です。しかし中国では、人々
は独裁的な政府によって抑圧されています。

79

So, our next struggle or war just began.

I will change China. This is the next step. If I'm permitted the next presidency, I mean, eight years as a president of the United States, the four years I have left will be to change the political system and the religious system of China. How to change their system including the trade system. So, please rely on me. After I end the North Korean problem, I will try changing China and, of course, changing Russia.

Ichikawa Thank you very much.

Ayaori You always say that Xi Jinping is a very good man and that you love him (*laughs*).

Trump's G.S. Xi Jinping is a good person in reality, like Kim Jong-un now.

(*Audience laugh.*)

ですから、われわれの次なる戦い、戦争は始まったばかりです。

「次の段階」としては中国を変えます。次の任期も許されるなら、つまりアメリカ大統領として８年間やれるなら、残りの４年間で中国の政治制度、宗教制度を変えます。貿易制度も含めて、彼らの体制をどう変えるかです。どうかご信頼ください。北朝鮮問題を終わらせた後は「中国の変革」と、もちろん「ロシアの変革」にも挑戦します。

市川　ありがとうございます。

綾織　あなたは常々、習近平は非常に〝いい人〟で、彼が〝大好き〟だと（笑）おっしゃっていますが。

トランプ守護霊　習近平は本当は〝いい人〟なんですよ。今の金正恩みたいに。

（会場笑）

Ayaori I understand.

Trump's G.S. Yeah, a good person. Haha. I have a business mind, so please forgive me.

Ichikawa Now, China is expanding like hegemony in the Pacific area. I heard that they're going to divide the Pacific Ocean into two at the Hawaiian Islands. We heard that they have a very evil intention.

Trump's G.S. Uh huh, OK. But Japan will win if Japan can only again compete with China. I hope so. Japan will regain power and compete with China in these 20 or 30 years in the future. I'm not so pessimistic about that.

Oh, OK. We reign within the Hawaiian area. But another area of the Pacific Rim will be controlled by the country of Japan. It's OK. It's enough. I believe in Japanese people. You will succeed again.

綾織　なるほど。

トランプ守護霊　ええ、〝いい人〟です。ハハ。私はビジネスマン気質なので、ご容赦ください。

市川　現在、中国が太平洋圏で覇権的な動きを拡大しています。「ハワイ諸島のところで太平洋を二分割する」と言っているそうです。彼らは非常に悪しき意図を持っていると聞いていますが。

トランプ守護霊　はい、わかりました。でも、日本が勝ちますよ。日本が再び中国と競争することができさえすればね。それを願っています。日本はこれからの20 〜 30 年、力を取り戻して中国と競争するでしょう。その点は、あまり悲観していません。
　いいですよ。私たちはハワイまでの地域を治めますが、環太平洋圏のもう一方の側は日本国が支配するということで構いませんよ。結構です。私は日本人を信頼していますので。あなたがたは、また成功できますよ。

Ichikawa Thank you very much for your trust in Japan.

Shimada Economically, I think you will still keep an "America First" policy and strengthen the U.S. economy and fulfill a mission. What is your ideal image of East Asia in the future? How do you see the relationship between East Asia and the United States?

Trump's G.S. East Asia... I'm thinking East Asia, West Asia, Africa, the EU, and all over the world. It's the position of the president of the United States. I'm thinking about all the world, the Earth, every day. I think about everything. When I want to attack Syria, on the same day, I want to attack North Korea and on the same day, I want to attack Iran.

Can you understand? This is the position or power of the president of the United States.

市川　日本を信頼してくださり、まことにありがとうございます。

島田　経済的には、あなたは今後も「アメリカ第一」政策をとり続けていくと思います。アメリカ経済を強め、使命を果たしていかれると。将来的には、東アジアの理想像はいかがですか。東アジアとアメリカの関係を、どうご覧になっていますか。

トランプ守護霊　東アジアねえ……。私は東アジア、西アジア、アフリカ、ＥＵと世界全体のことを考えています。それがアメリカ大統領の立場というものです。毎日、全世界のこと、地球のことを考えています。あらゆることを考えています。シリアを攻撃しようと思う同じ日に、北朝鮮を攻撃したくなったり、それと同じ日にイランを攻撃したくなったりするわけです。

　わかりますか。それが、「アメリカ大統領の立場」であり、「権力」というものなんです。

9 Reforming Islam is a Mission of Happy Science

Ichikawa Moving to the Middle East issues, what do you think about the nuclear agreement around Iran?

Trump's G.S. Iran. It's very difficult. So, I must finish the North Korean problem as fast as possible. Next problem might be Iran. They're preparing a nuclear strategy to protect their country from the attack of Israel because I already insisted that Jerusalem should be the center of Israel. They don't accept that. So, they're also thinking about that.

If Iranian people can succeed in preparing a nuclear weapon system, we will need Saudi Arabian nuclear power and maybe Egypt will prepare for the next stage, so the Middle East problem is very difficult.

●After this spiritual interview, President Trump announced on May 8, 2018, that the U.S. will withdraw from the Iran nuclear deal agreed to in 2015 between Iran and six world powers (U.S., U.K., Russia, France, China, and Germany), and that the U.S. "will be instituting the highest level of economic sanction."

9　イスラムの改革は幸福の科学の使命

市川　中東問題に移りますが、イランとの核合意について
はどうお考えでしょうか。

トランプ守護霊　イランね。非常に難しいです。ですから、
北朝鮮問題はできるだけ早く終わらせないといけません。
次の問題はイランでしょう。イランは、イスラエルの攻撃
から自国を守るための核戦略を準備中です。私がすでに、
「エルサレムはイスラエルの中心であるべきだ」と主張し
ているからです。イランはそれを認めておらず、自分たち
も同じことを考えているわけです。

　イランが核兵器体制を備えることに成功したら、サウジ
アラビアの核パワーが必要になってきますし、その次の段
階としてはエジプトも備えを始めるかもしれません。です
から、中東問題は非常に難しいんです。

●本霊言の後の 2018 年 5 月 8 日、トランプ大統領は、2015 年にイランと欧米等 6
カ国で結んだ核合意から離脱し、「最高レベルの経済制裁を科す」と発表した。

We should protect Israel. We should keep the peace and keep the profit of Islamic countries. This is the great problem and it will need several more decades to make a conclusion. So, it's beyond my lifetime in this world.

But (*sighs*) hmm. I think that to protect Israel is essential for the future because Israel is the origin of Christianity. It has the value to be protected. But at the same time, it's also true that Islamic people are important. They should have some restoration or revolution. It means the modernization of political system and economic system. Their religion is too close to politics and economics.

So, it's your mission, the mission of Ryuho Okawa and Happy Science. Please say to them, "Allah changed His mind. Allah is now thinking that politics, economy and religion are different areas, and that the suitable people should study the problem of every area."

In the Arabic area, we need real politicians, or statesmen, and economic-minded people. They should

9　イスラムの改革は幸福の科学の使命

　イスラエルは守らなければいけないし、平和を維持してイスラム教国の利益も維持しなければいけない。これは大問題で、結論を出すには、さらに数十年の歳月を要するでしょう。ですから、私がこの世にいられる寿命を超えています。

　ただ、（ため息）うーん。未来にとってはイスラエルを守ることが不可欠だと思われます。イスラエルはキリスト教の発祥の地なので、守る価値があるんです。しかし同時に、イスラム教徒が大切であるのも事実だし、彼らには、ある種の「維新」ないし「革命」が必要なんです。要するに、政治制度や経済制度を近代化する必要がある。宗教が政治や経済と近すぎるんですよ。

　ですから、これはあなたがたの使命ですよ。大川隆法の使命であり幸福の科学の使命です。彼ら（イスラム教徒）に言ってやってください。「アッラーのお考えは変わったのだ。アッラーは今、『政治と経済と宗教は別々の領域であり、それぞれの領域に適した人間が、それぞれの問題を研究すべきである』とお考えなのだ」と。

　アラブ地域には、本物の政治家や、本物の経済マインドを持った人が必要です。彼らは変わるべきであり、ＥＵや

89

change. They need the EU-like, the United States-like or Japanese-like system. Japan should export its system to the Middle East. You can. Yes, you can. You should try to do that.

10 "Liberty Should Lead to Prosperity and Happiness"

Ayaori Could you tell us about the idea of liberty because you, President Trump, sometimes say, "liberty comes from our Creator."

Trump's G.S. What do you mean by, "the liberty"? Your magazine, or...?

Ayaori No, no, no, no. Not our magazine. The idea of liberty. Could you explain the idea of liberty?

アメリカや日本のような制度が必要です。日本は、自国の制度を中東に〝輸出〟すべきです。できますよ。日本ならできます。やってみるべきです。

10 「自由」が繁栄と幸福をもたらすべき

綾織 「自由」の概念についてお話しいただけますでしょうか。トランプ大統領は、「自由は創造主に由来する」と言うことがありますので。

トランプ守護霊 「自由（ザ・リバティ）」というと？ あなたがたの雑誌のことですか、あるいは……。

綾織 いえ、いえ。私たちの雑誌のことではなく、「自由の概念」についてです。自由の概念についてご説明いただけますでしょうか。

91

Trump's G.S. We are struggling or fighting against countries where liberty is lost or suppressed by dictatorship, like old-style Russia, China, North Korea, Islamic people and some African countries. And of course, the countries which are controlled under the power of gigantic China. So, liberty should lead to the future prosperity and the happiness of the people.

What we should do can be easily found in the area where there is no liberty. That's our job and our mission from God. Americanization should include the mission of God. I think so.

But there also occur religious conflicts and they are very difficult to settle. So, the power would be the power of Happy Science. You need more power than Islam, Christianity or Chinese-like no-God system. You need billions of members. Please fight against your enemies and get more members. I hope so.

トランプ守護霊 われわれは、自由が失われているというか、独裁政治によって抑圧されている国と対立し、争っています。旧来のロシアや、中国、北朝鮮、イスラム教の人々、アフリカのいくつかの国々などです。もちろん、巨大中国の覇権の下に支配されている国々もそうです。ですから「自由が、未来の繁栄と人々の幸福をもたらすべき」です。

　自由がない地域を見れば、われわれのなすべきことは容易に見つかります。それが、われらの仕事であり、神から与えられた使命なんです。アメリカニゼーション（アメリカ化）には、「神の使命」も含まれるべきであると思います。

　ただ、宗教対立も起きていて、解決は非常に困難です。それこそ、ハッピー・サイエンス（幸福の科学）の力でしょう。あなたがたは、イスラムやキリスト教や、中国のような無神論体制以上に、大きな力を持たねばなりません。信者が10億人単位で必要です。ぜひ、敵と戦って信者を増やされるよう期待していますよ。

11 The Problem and Limit of the EU

Ichikawa Moving to the EU, Europe, I heard you met President Macron of France. What do you think about him?

Trump's G.S. Oh, yeah, a good man. He's a good man, also. (*Laughs.*) He's a good man. Good man, yeah, good man. Yeah. That's it.

Ichikawa How about Merkel, German Chancellor Merkel?

Trump's G.S. (*Sighs.*) A little problem... problem. She has a little problem. She might be a cancer of the EU. She is not a dictator, but her influence, political influence is too big in the EU. But she comes from East Germany, so in her brain, there is some kind of old-fashioned Soviet-like thinking or Chinese-like thinking. So, she's logical, but I'm afraid that she

11 EUの問題点と限界

市川　ＥＵ、ヨーロッパの話題に移らせていただきます。
フランスのマクロン大統領と会われたそうですが。彼をど
う思われますでしょうか。

トランプ守護霊　ああ、そうですね、〝いい人〟ですよ。
彼もいい人です（笑）。いい人。いい人です。はい、いい
人ですね。うん。そういうことです。

市川　ドイツのメルケル首相はいかがでしょうか。

トランプ守護霊　（ため息）やや、問題……問題ありですね。
やや問題があります。ＥＵのガンかもしれません。独裁者
ではないけれど、ＥＵにおける政治的影響力が大きすぎま
す。東ドイツ出身なので、時代遅れのソビエト的思考とい
うか中国的思考のようなものが頭に入ってるんです。論理
的な人ではありますが、本当の意味で「経済的自由」や「政
治的自由」を理解してはいないんじゃないでしょうかね。

11 The Problem and Limit of the EU

doesn't get the real meaning of economic freedom or political freedom.

The EU has its limit. There are a lot of countries to be saved, but there is no strong country that can save them, so the United Kingdom wants to say goodbye to the EU. It has its reason. So, this problem is very difficult.

Macron is a micron (*audience laugh*). Oh, misfire. Macron... Macron, please change your wife. New model car like me. I changed to a younger wife and I got new source of ideas. He will be expected to marry a younger woman than he is and it will make a new idea, a new wave in Europe.

Merkel already ended her mission. It just means there is no reliable person in the EU. So, America must watch all over the EU.

Ichikawa Thank you very much. Soon, we have to conclude today's session. For the last message, could

ＥＵには限界があります。〝救われる側〟の国ばかりた
くさんあって、彼らを〝救える側〟の強い国がないんです。
だからこそイギリスはＥＵを離脱したいわけで、無理もな
いことですよ。非常に難しい問題です。

　マクロンは〝ミクロン（微小）〟です。（会場笑）。おっと、
失言かな。マクロンは……マクロンは奥さんを替えていた
だきたい。私みたいに〝ニューモデルの車〟にしていただ
きたい。私は若い妻に替えたら、新しいアイデアが湧くよ
うになりましたから。彼も自分より若い女性と結婚するこ
とが期待できるので、それによって新しい考え、新しい波
がヨーロッパに生まれると思いますよ。
　メルケルの使命はもう終わってるんで、まさに、ＥＵに
は頼れる人物がいないということです。だから、アメリカ
がＥＵ全体も見ないといけないんです。

市川　ありがとうございます。そろそろ本日のインタ
ビューを終えなければなりません。最後のメッセージとし

97

11 The Problem and Limit of the EU

you show some strong card in your hand to the world? Do you have any secret or plan about politics, economy, or any other matters?

Trump's G.S. To Japanese people, please rely on me. Don't abandon Mr. Abe at this moment.

I'm reaching China, not to be helped by China, but I'm aiming at changing China soon as the next problem after North Korea. I already understand the problem.

Please work in the U.S.A., "Trump should continue his presidency. He needs four more years. The next president should be Donald Trump. He is younger than he is. He is like 60 years old in power and cleverness." If you are doing activities like that, I love you so much.

Ichikawa Mr. President, thank you very much for today's session. Thank you very much.

て、世界に向けて、あなたの手の内にある〝強いカード〟
をお示しいただけますでしょうか。政治や経済、その他の
問題に関して、何か秘密や計画をお持ちでしょうか。

トランプ守護霊　日本のみなさん、どうか私を信頼してく
ださい。今の時点で安倍さんを見捨てないでください。
　私は、「助けてもらおう」と思って中国に手を伸ばして
いるわけではなく、北朝鮮の次に来る問題として、「近い
うちに中国を変えよう」と考えているんです。中国の問題
はすでに理解できています。
　アメリカで、「トランプが大統領を続けるべきである」
と働きかけてください。「彼にはあと４年必要だ。次期大
統領はドナルド・トランプでなきゃ駄目だ。彼は実年齢よ
り若い。パワーも頭の切れも、まだ60歳並みだ」と。そ
ういう活動をしていただいているなら、もう、みなさんの
ことを愛してやみません。

市川　大統領、本日はまことにありがとうございました。

11 The Problem and Limit of the EU

Trump's G.S. Say hello to your followers all over the world. Thank you.

Ichikawa Thank you very much.

(*Claps twice.*)

トランプ守護霊　全世界の信者のみなさんによろしくお伝えください。ありがとう。

市川　ありがとうございました。

（2回手を叩く）

12 After the Spiritual Interview

Ryuho Okawa How is your impression of him?

Ichikawa He's quite wise. He's just pretending to be unwise, but he has ideas, plans and blueprints for the future, so we should trust him.

Ryuho Okawa He just wants to say, Ms. Shaku (leader of the Happiness Realization Party), please keep on relying on him. He says so. Well, we'll rely on him. Especially, we'll see in this year, if his personality in this world wants to get the Nobel Peace Prize or not, if he wants to go through the difficulty and get the real result regarding the Korean Peninsula or not. We will see and support him.

We'll make real peace in this east part of Asia and of course, all over the world. We'll struggle. Our political movement will continue.

12　霊言を終えて

大川隆法　彼の印象はどうでしたか。

市川　非常に賢いですね。賢くない振りをしているだけで、未来への考えや計画、青写真がありましたので、信頼すべきだと思います。

大川隆法　要は釈さん（幸福実現党党首）に、「どうか今後とも信頼してください」と言いたいわけです。そう言っているので、では、信頼することにいたしましょう。特に今年は、地上の彼本人はノーベル平和賞を欲しがっているのかどうか、あるいは、困難に耐え抜いて朝鮮半島に関する現実的な結果を出そうと思っているのかどうかを見守りつつ、ご支援したいと思います。

　私たちは東アジアの、そして、もちろん全世界の、真の平和を実現していく所存です。戦っていきますし、政治運動も続けていきたいと思います。

103

『守護霊インタビュー トランプ大統領の決意』
大川隆法著作関連書籍

『緊急守護霊インタビュー 金正恩 vs. ドナルド・トランプ』
『トランプ新大統領で世界はこう動く』
『守護霊インタビュー ドナルド・トランプ
アメリカ復活への戦略』
『アメリカ合衆国建国の父 ジョージ・ワシントンの霊言』
『司馬遼太郎 愛国心を語る』
『文在寅守護霊 vs. 金正恩守護霊』

※いずれも幸福の科学出版刊

守護霊インタビュー トランプ大統領の決意
──北朝鮮問題の結末とその先のシナリオ──

2018 年 5 月 21 日　初版第 1 刷

著　者　　　大　川　隆　法

発行所　　　幸福の科学出版株式会社

〒107-0052　東京都港区赤坂 2 丁目 10 番 14 号
TEL(03) 5573-7700
https://www.irhpress.co.jp/

印刷・製本　　株式会社 研文社

落丁・乱丁本はおとりかえいたします
©Ryuho Okawa 2018. Printed in Japan. 検印省略
ISBN 978-4-86395-999-6 C0030
カバー写真：AFP＝時事

大川隆法 著作シリーズ・アメリカ復活のシナリオ

トランプ新大統領で世界はこう動く

英語説法 日本語訳付き

日本とアメリカの信頼関係は、再び"世界の原動力"となる——。トランプ勝利を2016年1月時点で明言した著者が示す世界の見取り図。

1,500円

守護霊インタビュー ドナルド・トランプ アメリカ復活への戦略

英語霊言 日本語訳付き

アメリカ大統領の知られざる素顔とは？ 選挙中に過激な発言を繰り返しても支持率トップを走った「ドナルド旋風」の秘密に迫る！

1,400円

アメリカ合衆国建国の父 ジョージ・ワシントンの霊言

人種差別問題、経済対策、そして対中・対露戦略——。初代大統領が考える、"強いアメリカ"復活の条件。

1,400円

幸福の科学出版

大川隆法 霊言シリーズ・中国・北朝鮮問題への警鐘

文在寅守護霊 vs. 金正恩守護霊
南北対話の本心を読む

南北首脳会談で北朝鮮は非核化されるのか？ 南北統一、対日米戦略など、対話路線で世界を欺く両首脳の本心とは。外交戦略を見直すための警鐘の一冊。

1,400円

緊急守護霊インタビュー
金正恩 vs. ドナルド・トランプ

英語霊言 日本語訳付き

二人の守護霊を直撃。挑発を繰り返す北朝鮮の「シナリオ」とは。米大統領の「本心」と「決断」とは。北朝鮮情勢のトップシークレットが、この一冊に。

1,400円

秦の始皇帝の霊言
2100 中国・世界帝国への戦略

ヨーロッパ、中東、インド、ロシアも支配下に!? 緊迫する北朝鮮危機のなか、次の覇権国家を目指す中国の野望に、世界はどう立ち向かうべきか。

1,400円

※表示価格は本体価格（税別）です。

大川隆法 霊言シリーズ・中国の民主化に向けて

「太平天国の乱」の宗教革命家
洪秀全の霊言

北朝鮮の「最期」と中国の「次の革命」

世界史上最大規模の革命運動だった「太平天国の乱」。その指導者・洪秀全の隠された歴史的意味と、今後、中国で予想される革命の姿が明かされる。

1,400円

中国民主化運動の旗手
劉暁波の霊言

自由への革命、その火は消えず

中国人初のノーベル平和賞受賞者が、死後8日目に復活メッセージ。天安門事件の人権弾圧に立ち会った劉氏が後世に託す、中国民主化への熱き思いとは。

1,400円

緊急・守護霊インタビュー
台湾新総統
蔡英文の未来戦略

台湾新総統・蔡英文氏の守護霊が、アジアの平和と安定のために必要な「未来構想」を語る。アメリカが取るべき進路、日本が打つべき一手とは？

1,400円

幸福の科学出版

大川隆法 霊言シリーズ・自分の国は自分で守れ

司馬遼太郎
愛国心を語る

北朝鮮の延命戦略と韓国ファシズムの危険性。そして、米朝首脳会談の先にある日本滅亡の可能性。今こそ"英雄"が、この国には必要だ。

1,400円

戦後保守言論界のリーダー
清水幾太郎の新霊言

核開発を進める北朝鮮、覇権拡大を目論む中国、弱体化するトランプ政権──。国家存亡の危機に瀕する日本が取るべき「選択」とは何か。

1,400円

吉田茂元首相の霊言
戦後平和主義の代償とは何か

日本は、いつから自分の国を守れなくなったのか？ 戦後日本の政治体制の源流となり、今も政界の底流に流れ続ける「吉田ドクトリン」の問題点に迫る。

1,400円

※表示価格は本体価格(税別)です。

大川隆法 著作シリーズ・幸福実現党が目指すもの

幸福実現党宣言
この国の未来をデザインする

政治と宗教の真なる関係、「日本国憲法」を改正すべき理由など、日本が世界を牽引するために必要な、国家運営のあるべき姿を指し示す。

1,600円

政治の理想について

幸福実現党宣言②

幸福実現党の立党理念、政治の最高の理想、三億人国家構想、交通革命への提言など、この国と世界の未来を語る。

1,800円

政治に勇気を

幸福実現党宣言③

霊査によって明かされる「北朝鮮の野望」とは？ 気概のない政治家に活を入れる一書。孔明の霊言も収録。

1,600円

新・日本国憲法試案

幸福実現党宣言④

大統領制の導入、防衛軍の創設、公務員への能力制導入など、日本の未来を切り開く「新しい憲法」を提示する。

1,200円

夢のある国へ── 幸福維新

幸福実現党宣言⑤

日本をもう一度、高度成長に導く政策、アジアに平和と繁栄をもたらす指針など、希望の未来への道筋を示す。

1,600円

幸福の科学出版

大川隆法著 基本三部作・人生の目的と使命を知る

太陽の法
エル・カンターレへの道

創世記や愛の段階、悟りの構造、文明の流転を明快に説き、主エル・カンターレの真実の使命を示した、仏法真理の基本書。14言語に翻訳され、世界累計1000万部を超える大ベストセラー。

2,000円

黄金の法
エル・カンターレの歴史観

歴史上の偉人たちの活躍を鳥瞰しつつ、隠されていた人類の秘史を公開し、人類の未来をも予言した、空前絶後の人類史。

2,000円

永遠の法
エル・カンターレの世界観

すべての人が死後に旅立つ、あの世の世界。天国と地獄をはじめ、その様子を明確に解き明かした、霊界ガイドブックの決定版。

2,000円

※表示価格は本体価格(税別)です。

大川隆法「法シリーズ」・最新刊

信仰の法
地球神エル・カンターレとは

法シリーズ第24作

さまざまな民族や宗教の違いを超えて、
地球をひとつに――。
文明の重大な岐路に立つ人類へ、
「地球神」からのメッセージ。

第1章　信じる力
　―― 人生と世界の新しい現実を創り出す
第2章　愛から始まる
　――「人生の問題集」を解き、「人生学のプロ」になる
第3章　未来への扉
　―― 人生三万日を世界のために使って生きる
第4章　「日本発世界宗教」が地球を救う
　―― この星から紛争をなくすための国造りを
第5章　地球神への信仰とは何か
　―― 新しい地球創世記の時代を生きる
第6章　人類の選択
　―― 地球神の下に自由と民主主義を掲げよ

イエスが、"父と呼んだ存在"が明らかに。

世界100ヵ国以上（29言語）に愛読者を持つ著者渾身の一書！

人種、文化、政治、そして宗教――
さまざまな価値観の違いを超えて、
この地球は「ひとつ」になれる。

著作2300書突破

2,000円（税別）　幸福の科学出版

心に寄り添う。

いじめ、不登校、自殺、そして障害をもつ人とその家族にとって、
ほんとうの「救い」とは何か。信仰をもつ若者たちが挑む心のドキュメンタリー。

企画・大川隆法

監督・宇井孝司　松本弘司　音楽・水澤有一　撮影監修・田中一成　録音・内田誠（Team U）
出演・希島 凛（ARI Production）／小林裕美　藤本明徳　三浦義晃（HSU生）プロデューサー・橋詰太奉　鈴木 愛　大川愛理沙
主題歌「心に寄り添う」作詞・作曲　大川隆法　歌・篠原紗英（ARI Production）　製作・ARI Production

全国の幸福の科学 支部・精舎 で公開中！

さらば青春、されど青春。

努力を重ねた平凡な日々も。
大切な人と過ごした時間も。
ただひとり眠れぬ夜も――。
いつも、"何か"を求めていた。

あなたを信じて、
ほんとうによかった。

製作総指揮・原案／大川隆法

大川宏洋　千眼美子

石橋保　芦川よしみ　日向丈　山田明郷　野久保直樹

長谷川奈央　梅崎快人　伊良子未來　希島凛　ビートきよし　大浦龍宇一　高杉亘　木下ほうか

監督／赤羽博　音楽／水澤有一　製作／幸福の科学出版　製作協力／ニュースター・プロダクション　アリ・プロダクション
制作プロダクション／ジャンゴフィルム　配給／日活　配給協力／東京テアトル　©2018 IRH Press

5月12日(土)ロードショー

saraba-saredo.jp

幸福の科学グループのご案内

宗教、教育、政治、出版などの活動を通じて、地球的ユートピアの実現を目指しています。

幸福の科学

1986年に立宗。信仰の対象は、地球系霊団の最高大霊、主エル・カンターレ。世界100カ国以上の国々に信者を持ち、全人類救済という尊い使命のもと、信者は、「愛」と「悟り」と「ユートピア建設」の教えの実践、伝道に励んでいます。

（2018年5月現在）

愛　幸福の科学の「愛」とは、与える愛です。これは、仏教の慈悲や布施の精神と同じことです。信者は、仏法真理をお伝えすることを通して、多くの方に幸福な人生を送っていただくための活動に励んでいます。

悟り　「悟り」とは、自らが仏の子であることを知るということです。教学や精神統一によって心を磨き、智慧を得て悩みを解決すると共に、天使・菩薩の境地を目指し、より多くの人を救える力を身につけていきます。

ユートピア建設　私たち人間は、地上に理想世界を建設するという尊い使命を持って生まれてきています。社会の悪を押しとどめ、善を推し進めるために、信者はさまざまな活動に積極的に参加しています。

国内外の世界で貧困や災害、心の病で苦しんでいる人々に対しては、現地メンバーや支援団体と連携して、物心両面にわたり、あらゆる手段で手を差し伸べています。

年間約3万人の自殺者を減らすため、全国各地で街頭キャンペーンを展開しています。

公式サイト www.withyou-hs.net

ヘレン・ケラーを理想として活動する、ハンディキャップを持つ方とボランティアの会です。視聴覚障害者、肢体不自由な方々に仏法真理を学んでいただくための、さまざまなサポートをしています。

公式サイト www.helen-hs.net

入会のご案内

幸福の科学では、大川隆法総裁が説く仏法真理（ぶっぽうしんり）をもとに、「どうすれば幸福になれるのか、また、他の人を幸福にできるのか」を学び、実践しています。

仏法真理を学んでみたい方へ

大川隆法総裁の教えを信じ、学ぼうとする方なら、どなたでも入会できます。入会された方には、『入会版「正心法語（しょうしんほうご）」』が授与されます。

ネット入会 入会ご希望の方はネットからも入会できます。
happy-science.jp/joinus

信仰をさらに深めたい方へ

仏弟子としてさらに信仰を深めたい方は、仏・法・僧の三宝（ぶっぽうそうさんぽう）への帰依を誓う「三帰誓願式（さんきせいがん）」を受けることができます。三帰誓願者には、『仏説・正心法語』『祈願文①（きがんもん）』『祈願文②』『エル・カンターレへの祈り』が授与されます。

幸福の科学 サービスセンター
TEL 03-5793-1727
受付時間/
火～金:10～20時
土・日祝:10～18時

幸福の科学 公式サイト
happy-science.jp

幸福の科学グループの教育・人材養成事業

教育 ハッピー・サイエンス・ユニバーシティ
Happy Science University

ハッピー・サイエンス・ユニバーシティとは

ハッピー・サイエンス・ユニバーシティ（HSU）は、大川隆法総裁が設立された「現代の松下村塾」であり、「日本発の本格私学」です。
建学の精神として「幸福の探究と新文明の創造」を掲げ、チャレンジ精神にあふれ、新時代を切り拓く人材の輩出を目指します。

学部のご案内

人間幸福学部

人間学を学び、新時代を切り拓くリーダーとなる

経営成功学部

企業や国家の繁栄を実現する、起業家精神あふれる人材となる

未来産業学部

新文明の源流を創造するチャレンジャーとなる

未来創造学部

時代を変え、未来を創る主役となる

政治家やジャーナリスト、ライター、俳優・タレントなどのスター、映画監督・脚本家などのクリエーター人材を育てます。4年制と短期特進課程があります。

- **4年制**
1年次は長生キャンパスで授業を行い、2年次以降は東京キャンパスで授業を行います。

- **短期特進課程（2年制）**
1年次・2年次ともに東京キャンパスで授業を行います。

HSU未来創造・東京キャンパス
〒136-0076
東京都江東区南砂2-6-5
TEL 03-3699-7707

HSU長生キャンパス
〒299-4325
千葉県長生郡長生村一松丙 4427-1
TEL 0475-32-7770

幸福の科学グループの教育・人材養成事業

学校法人
幸福の科学学園

学校法人 幸福の科学学園は、幸福の科学の教育理念のもとにつくられた教育機関です。人間にとって最も大切な宗教教育の導入を通じて精神性を高めながら、ユートピア建設に貢献する人材輩出を目指しています。

幸福の科学学園

中学校・高等学校（那須本校）
2010年4月開校・栃木県那須郡（男女共学・全寮制）
TEL **0287-75-7777**
公式サイト **happy-science.ac.jp**

関西中学校・高等学校（関西校）
2013年4月開校・滋賀県大津市（男女共学・寮及び通学）
TEL **077-573-7774**
公式サイト **kansai.happy-science.ac.jp**

仏法真理塾「サクセスNo.1」 TEL **03-5750-0747**（東京本校）
小・中・高校生が、信仰教育を基礎にしながら、「勉強も『心の修行』」と考えて学んでいます。

不登校児支援スクール「ネバー・マインド」 TEL **03-5750-1741**
心の面からのアプローチを重視して、不登校の子供たちを支援しています。
また、障害児支援の「ユー・アー・エンゼル！」運動も行っています。

エンゼルプランＶ TEL **03-5750-0757**
幼少時からの心の教育を大切にして、信仰をベースにした幼児教育を行っています。

シニア・プラン21 TEL **03-6384-0778**
希望に満ちた生涯現役人生のために、年齢を問わず、多くの方が学んでいます。

NPO活動支援

学校からのいじめ追放を目指し、さまざまな社会提言をしています。また、各地でのシンポジウムや学校への啓発ポスター掲示等に取り組む一般財団法人「いじめから子供を守ろうネットワーク」を支援しています。

公式サイト **mamoro.org**
ブログ **blog.mamoro.org**
相談窓口 TEL.**03-5719-2170**

幸福の科学グループ事業

幸福実現党 釈量子サイト
shaku-ryoko.net

Twitter
釈量子@shakuryoko
で検索

政治

幸福実現党

内憂外患（ないゆうがいかん）の国難に立ち向かうべく、2009年5月に幸福実現党を立党しました。創立者である大川隆法党総裁の精神的指導のもと、宗教だけでは解決できない問題に取り組み、幸福を具体化するための力になっています。

党の機関紙
「幸福実現NEWS」

幸福実現党 党員募集中

あなたも幸福を実現する政治に参画しませんか。

○ 幸福実現党の理念と綱領、政策に賛同する18歳以上の方なら、どなたでも参加いただけます。
○ 党費：正党員（年額5千円［学生 年額2千円］）、特別党員（年額10万円以上）、家族党員（年額2千円）
○ 党員資格は党費を入金された日から1年間です。
○ 正党員、特別党員の皆様には機関紙「幸福実現NEWS（党員版）」が送付されます。

＊申込書は、下記、幸福実現党公式サイトでダウンロードできます。
住所：〒107-0052　東京都港区赤坂2-10-8 6階 幸福実現党本部

TEL 03-6441-0754　　FAX 03-6441-0764
公式サイト　**hr-party.jp**　　若者向け政治サイト　**truthyouth.jp**

幸福の科学グループ事業

幸福の科学出版

出版メディア事業

大川隆法総裁の仏法真理の書を中心に、ビジネス、自己啓発、小説など、さまざまなジャンルの書籍・雑誌を出版しています。他にも、映画事業、文学・学術発展のための振興事業、テレビ・ラジオ番組の提供など、幸福の科学文化を広げる事業を行っています。

アー・ユー・ハッピー？
are-you-happy.com

ザ・リバティ
the-liberty.com

ザ・ファクト
マスコミが報道しない「事実」を世界に伝えるネット・オピニオン番組

Youtubeにて随時好評配信中！

ザ・ファクト 検索

幸福の科学出版
TEL 03-5573-7700
公式サイト **irhpress.co.jp**

芸能文化事業

ニュースター・プロダクション

「新時代の"美しさ"」を創造する芸能プロダクションです。2016年3月に映画「天使に"アイム・ファイン"」を、2017年5月には映画「君のまなざし」を公開しています。

公式サイト **newstarpro.co.jp**

ARI Production（アリプロダクション）

タレント一人ひとりの個性や魅力を引き出し、「新時代を創造するエンターテインメント」をコンセプトに、世の中に精神的価値のある作品を提供していく芸能プロダクションです。

公式サイト **aripro.co.jp**

大川隆法　講演会のご案内

　　大川隆法総裁の講演会が全国各地で開催されています。
　講演のなかでは、毎回、「世界教師」としての立場から、幸福な人生を生きるための心の教えをはじめ、世界各地で起きている宗教対立、紛争、国際政治や経済といった時事問題に対する指針など、日本と世界がさらなる繁栄の未来を実現するための道筋が示されています。

2017年8月2日 東京ドーム「人類の選択」

2017年5月14日 ロームシアター京都
「永遠なるものを求めて」

2017年4月23日 高知県立県民体育館
「人生を深く生きる」

2018年2月3日 都城市総合文化ホール(宮崎県)
「情熱の高め方」

2017年12月7日 幕張メッセ(千葉県)「愛を広げる」

講演会には、どなたでもご参加いただけます。
最新の講演会の開催情報はこちらへ。　→

大川隆法総裁公式サイト
https://ryuho-okawa.org